CHILDREN'S MANDARIN
儿 童 基 础 汉 语

Judy Hunter, Wen Fai Haggard

Greenwood Press

GREENWOOD PRESS
47 Pokfulam Road, Basement, Hong Kong.
Telephone: 2546 8212

© *Greenwood Press 1997*
All rights reserved. No part of this publication may be reproduced, stored in a retrieval system, or transmitted in any form or by any means – electronic, mechanical, photocopying, or otherwise – without the prior permission of the copyright owner.

First published September, 1997.

ISBN 962-279-182-4

PRINTED IN HONG KONG

Preface

We have designed Children's Mandarin to make the standard Chinese spoken language (also called Putonghua) easily accessible to younger school-age children. Teachers will find its straightforward format easy to use.

Everything is introduced in child-sized portions and there are plenty of lively exercises to stimulate classroom interaction and keep students interested.

Basic culture is introduced through traditional Chinese nursery rhymes and humorous illustrations keep the text user-friendly and fun to use.

Communication is the main focus of every lesson. Students learn to speak and understand Chinese in simple, everyday situations and activities. This builds up their confidence and provides the necessary foundation for more advanced study of the language.

Each lesson has an exercise component to ensure that content is well assimilated before students move on to the next lesson.

Most importantly, because Chinese is a tone language (which means that the pitch you give a word is as important as the way you pronounce it) there is a listening tape. This help to ensure that right from the start young learners are pronouncing correctly and with good tone accuracy.

Another advantage of the tape is that it allows learning to continue outside the classroom. Practice does make perfect and where learning a language is concerned, listening to the tape means that consolidation is not restricted to school hours – learning can continue at home. The tape also makes consolidation and review easy and encourages self-study and responsibility for one's own learning.

Chinese is the language with the greatest number of speakers in the world. Most of them are native Chinese speakers living in China. This is unlike the situation with English, which has become an international language, spoken throughout the world. However, times are changing and more and more non-speakers of Chinese are learning the language spoken by one fifth of the world's population.

We hope that Children's Mandarin will make its own small contribution to meeting this increasing demand to know and learn about this fascinating language and the culture of the people who speak it.

Acknowledgement

For their expertise and many helpful ideas and suggestions the authors would like to express their special gratitude to Professor Zhao Shuhua, Alice Ju, Keith Tong. Merry Keung and Martina Winderam, and to Lau Wailing and Chiang Chichung for their time, patience and care in recording the text and exercises.

Warmest thanks are also due to Joel Haggard and Duncan Hunter for their help, support and encouragement throughout the project and our appreciation to Hung-hua Charbonnet for her contribution in the initial stages of the book.

Contents

1. What is your name?
   Nǐ jiào shénme míngzi? 1

2. Can you count?
   Shǔyishǔ, yǒu jǐ ge? 6

3. How old are you?
   Nǐ jǐ suì? 11

4. Which country are you from?
   Nǐ shì nǎ guó rén? 16

5. My family
   Wǒ de jiā 20

   Review （一） 28

6. My school
   Wǒ de xuéxiào 29

7. My Body — What is this? (Part I)
   Wǒ de shēntǐ — zhè shì shénme? 35

8. My Body — What is this? (Part II)
   Wǒ de shēntǐ — zhè shì shénme? 41

9. Let's compare
   Bǐyibǐ 46

10. What colour is this?
    Zhè shì shénme yánsè? 52

    Review （二） 59

11. My toys
    Wǒ de wánjù 60

12. Where is my aeroplane?
    Wǒ de fēijī zài nǎr? 64

13. I am hungry
    Wǒ è le 68

14. Chinese Food
    Zhōngguó cài 72

15. What fruit do you want to eat?
    Nǐ xiǎng chī shénme shuǐguǒ? 76

    Review（三）.. 80

16. What time is it?
    Jǐ diǎn le? 81

17. What day is it today?
    Jīntiān xīngqī jǐ? 85

18. When is your birthday?
    Nǐ de shēngrì shì jǐ yuè jǐ hào? 89

19. Going shopping
    Mǎi dōngxi 94

20. Dingding's Day
    Dīngding de yì tiān 98

    Review（四）.. 103

    Index 104

1. What is your name?
Nǐ jiào shénme míngzi?

小 朋友 好。
Xiǎo péngyou hǎo.

老师 好。
Lǎoshī hǎo.

你叫 什么 名字?
Nǐ jiào shénme míngzi?

我叫 丁丁。
Wǒ jiào Dīngding.

她叫 什么 名字？
Tā jiào shénme míngzi?

他叫 小芳。
Tā jiào Xiǎofāng.

她叫 什么 名字？
Tā jiào shénme míngzi?

他叫 玛莉。
Tā jiào Mǎlì.

老师 再见。
Lǎoshī zàijiàn.

小朋友 再见。
Xiǎopéngyou zàijiàn.

Vocabulary

我	wǒ	I, me
你	nǐ	you
他	tā	he
她	tā	she
老师	lǎoshī	teacher
小朋友	xiǎopéngyou	classmates
小	xiǎo	small, little
朋友	péngyou	friend(s)
好	hǎo	good, well, fine
再见	zàijiàn	good-bye
叫	jiào	(be) called
什么	shénme	what
名字	míngzi	name

READ ALOUD

Nǐ hǎo! Nǐ jiào shénme míngzi?
　　Wǒ jiào _____ .

Tā jiào shénme míngzi?
　　Tā jiào Dīngding.

WHAT DO YOU SAY?

Lǎoshī _____ .

Xiǎo péngyou _____ .

Hànyǔ Pīnyīn

What is Hànyǔ Pīnyīn?

Hànyǔ Pīnyīn is a way of writing Chinese for learners. It uses the letters of alphabet. A Chinese character written in Hànyǔ Pīnyīn has three parts:

1. The beginning sound
2. The ending sound
3. A tone

There are four tones in Mandarin. If you change the tone, the meaning changes.

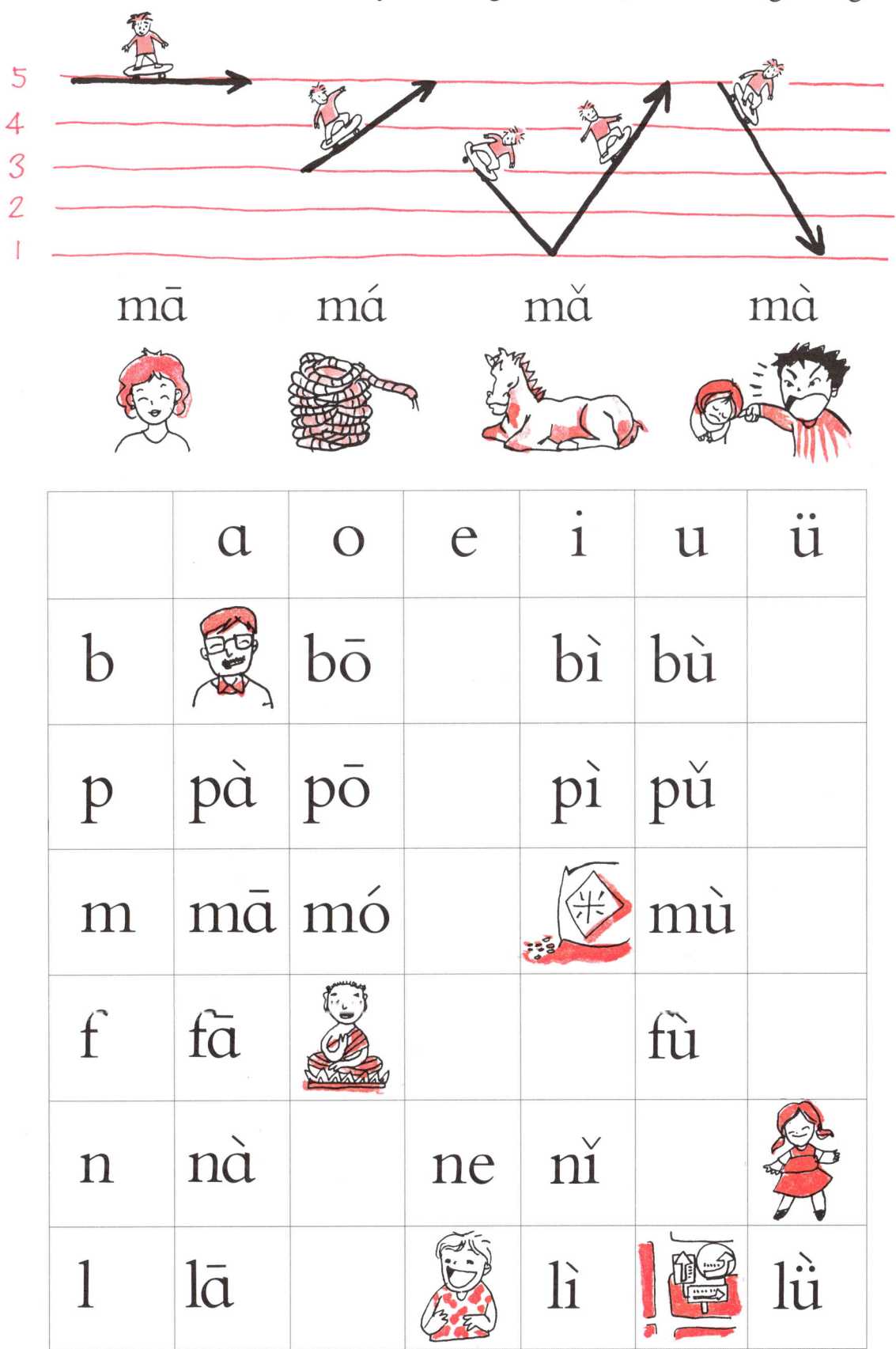

mā   má   mǎ   mà

	a	o	e	i	u	ü
b		bō		bì	bù	
p	pà	pō		pì	pǔ	
m	mā	mó			mù	
f	fā				fù	
n	nà		ne	nǐ		
l	lā			lì		lǜ

5

2. Can you count?
Shǔyishǔ, yǒu jǐ ge?

数一数。
Shǔyishǔ.

你有几个好朋友？
Nǐ yǒu jǐ ge hǎo péngyou?

一，二，三，四，五，
yī, èr, sān, sì, wǔ,

六，七，八，九，十。
liù, qī, bā, jiǔ, shí.

我有十个好朋友。
Wǒ yǒu shí ge hǎo péngyou.

Vocabulary

数	shǔ	to count
有	yǒu	have
几	jǐ	how many
个	gè	measure word
一	yī	one
二	èr	two
三	sān	three
四	sì	four
五	wǔ	five
六	liù	six
七	qī	seven
八	bā	eight
九	jiǔ	nine
十	shí	ten
零	líng	zero
好朋友	hǎo péngyou	good friend(s)

READ ALOUD

Shǔyishǔ, nǐ yǒu jǐ ge hǎo péngyou?
   Wǒ yǒu _____ hǎo péngyou.

Nǐ jiào shénme míngzi?
   Wǒ jiào _____ .

SONGS AND RHYMES

一 二 三 四 五 六 七，
Yī, èr, sān, sì, wǔ, liù, qī,

我 的 朋友 在哪里？
Wǒ de péngyou zài nǎli?

在 这 里，在 这 里，
Zài zhèli,   zài zhèli,

我 的 朋友 在这里。
Wǒ de péngyou zài zhèli.

Hànyǔ Pīnyīn

	ai	ei	ao	ou
m	mài	mèi		móu
g	gāi	gěi	gāo	
k	kāi	kēi	kǎo	
h	hái	hēi	hǎo	

Try to count more:

From 11 to 50

11   12   13   14   15   16   17   18   19   20
shíyī, shí'èr, shísān, shísì, shíwǔ, shíliù, shíqī, shíbā, shíjiǔ, èrshí

21   22   23   24   25   26   27   28   29   30
èrshíyī, èrshí'èr, èrshísān, èrshísì, èrshíwǔ, èrshíliù, èrshíqī, èrshíbā, èrshíjiǔ, sānshí

40   50
sìshí… wǔshí…

3. How old are you?
Nǐ jǐ suì?

你叫什么名字？
Nǐ jiào shénme míngzi?

我叫丁丁。
Wǒ jiào Dingding.
你呢？
Nǐ ne?

小芳，你几岁？
Xiǎofāng, nǐ jǐ suì?

我叫小芳。
Wǒ jiào Xiǎofāng.

11

我七岁。你呢?
Wǒ qī suì. Nǐ ne?

我也七岁。
Wǒ yě qī suì.

她叫什么名字?
Tā jiào shénme míngzi?

她叫玛莉。
Tā jiào Mǎlì.

她几岁?
Tā jǐ suì?

我不知道。
Wǒ bù zhīdào.

Vocabulary

岁	suì	year (of age)
也	yě	too, also
谁	shéi	who
你呢	nǐ ne	how about you
不知道	bù zhīdào	don't know
知道	zhīdào	know

READ ALOUD

Tā jiào shénme míngzi?
   Wǒ bù zhīdào tā jiào shénme míngzi.

Tā jǐ suì?
   Tā bā suì

Tā jǐ suì?
   Wǒ bù zhīdào.

LOOK AND SAY

Wǒ jiào _____ .

Wǒ _____ suì.

13

SONGS AND RHYMES

(to the tune of 10 Little Indians)

一个，两个，三个 小 朋友
Yǐ ge, liǎng ge, sān ge xiǎo péngyou

四个，五个，六个 小 朋友
Sì ge, wǔ ge, liù ge xiǎo péngyou

七个，八个，九个 小 朋友
Qī ge, bā ge, jiǔ ge xiǎo péngyou

第十个小 朋友 站起来(坐下)。
Dì shí ge xiǎo péngyou zhàn qǐlai (zuòxia).

New words

| 站起来 | zhàn qǐlai | stand up |
| 坐下 | zuòxia | sit down |

Hànyǔ Pīnyīn

jī
chicken

qī
seven

xǐ
wash

Activities:

Find out how old your classmates are. Use the following patterns. Write down the answer and then tell your *lǎoshī*.

A: Nǐ hǎo!

B: Nǐ hǎo!

A: Nǐ jiào shénme míngzi?

B: Wǒ jiào _____ .

A: Nǐ jǐ suì?

B: Wǒ _____ .

Name	Age
1.	
2.	
3.	
4.	

4. Which country are you from?

Nǐ shì nǎ guó rén?

丁丁，早。
Dīngding, zǎo.

玛莉，早。
Mǎlì, zǎo.

你是哪国人？
Nǐ shì nǎ guó rén?

我是英国人。
Wǒ shì Yīngguó rén.

你呢？
Nǐ ne?

我是中国人。
Wǒ shì Zhōngguó rén.

你知道安娜是哪国人吗?
Nǐ zhīdào Ānnà shì nǎ guó rén ma?

我知道,她是美国人。
Wǒ zhīdào, tā shì Měiguó rén.

大卫也是美国人吗?
Dàwèi yě shì Měiguó rén ma?

不是,他不是美国人,他是澳大利亚人。
Búshì, tā bú shì Měiguó rén. Tā shì Àodàlìyà rén.

Vocabulary

早	zǎo	Good morning
是	shì	is/are
不是	bú shì	is(are) not
吗	ma	question particle
人	rén	person, people
哪国	nǎ guó	which country
中国人	Zhōngguó rén	Chinese
英国人	Yīngguó rén	British
美国人	Měiguó rén	American
澳大利亚人	Àodàlìyà rén	Australian

READ ALOUD

Dīngding bā suì.
   Xiǎofāng qī suì.
     Nǐ jǐ suì?

Dīngding bā suì
   Wǒ yě bā suì.

LOOK AND SAY

Tā shì nǎ guó rén?
Tā shì _____.

Tā shì nǎ guó rén?
Tā shì _____.

Tā shì nǎ guó rén?
Tā shì _____.

Hànyǔ Pīnyīn

	ia	ie	iao	iou
y	yā	yě	yào	yǒu
j		jiē	jiào	九
q	qiā	qiē	qiào	
x	xià		xiǎo	xiū

19

5. My family
Wǒ de jiā

他是谁?
Tā shì shéi?

他是我爸爸。
Tā shì wǒ bàba.

我有一个哥哥,
Wǒ yǒu yí ge gēge,

两个弟弟。
liǎng ge dìdi.

她是谁?
Tā shì shéi?

她是我妈妈。
Tā shì wǒ māma.

你有没有姐姐?
Nǐ yǒu méiyǒu jiějie?

我没有姐姐,
Wǒ méiyǒu jiějie.

我有一个妹妹。
Wǒ yǒu yí ge mèimei.

21

Please draw pictures or put photos of yourself and your family members in the frame.

Māma (Mum)
Tā shì wǒ māma.

Bàba (Dad)
Tā shì wǒ bàba.

Gēge (older brother)
Tā shì wǒ gēge.
Wǒ gēge _____ suì.

Jiějie (older sister)
Tā shì wǒ jiějie.
Wǒ jiějie _____ suì.

Dīdi (younger brother)
Tā shì wǒ dìdi.
Tā _____ suì.

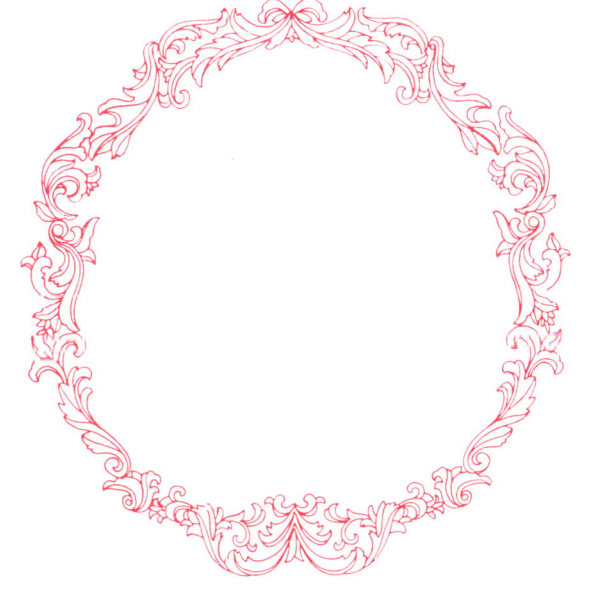

Mèimei (younger sister)
Tā shì wǒ mèimei.
Tā _____ suì.

shūshu (uncle)

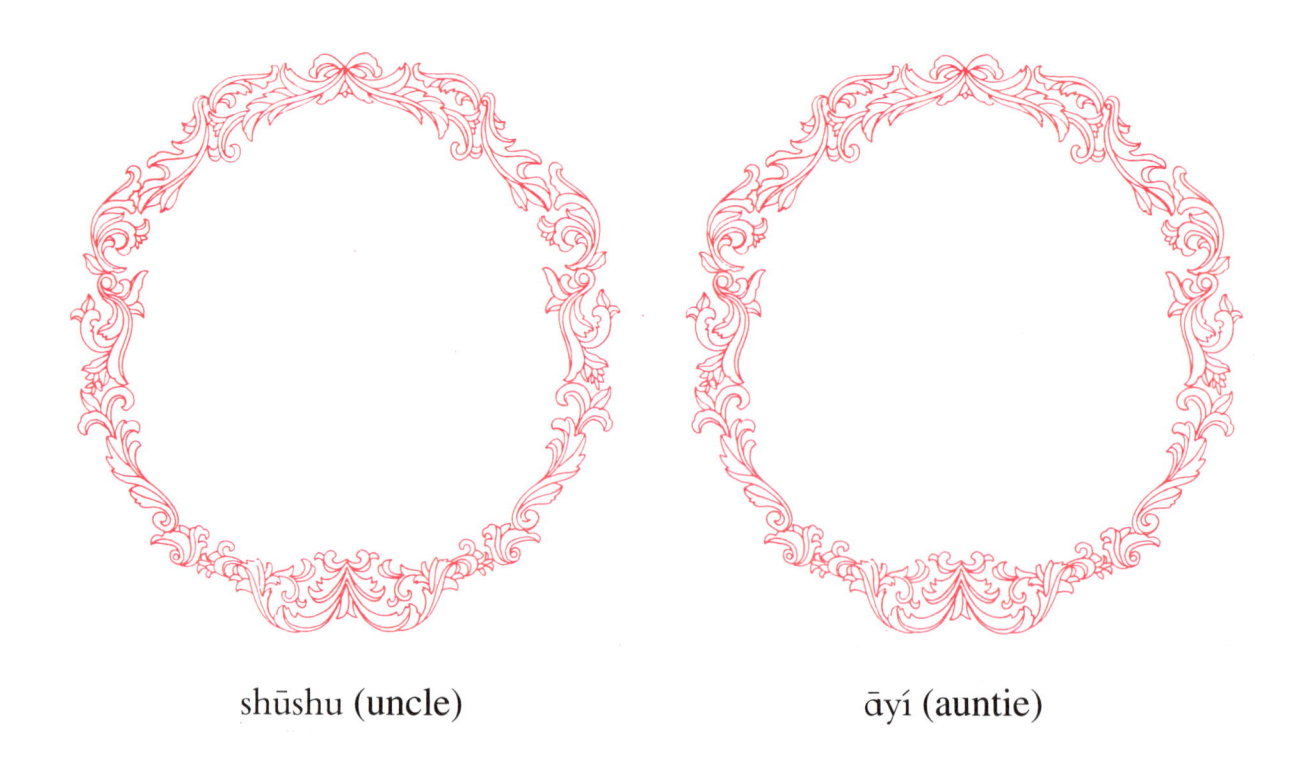

āyí (auntie)

yéye (Grandpa)
Tā shì wǒ yéye.

nǎinai (Grandma)
Tā shì wǒ nǎinai.

Vocabulary

你的	nǐ de	your, yours
我的	wǒ de	my, mine
他的	tā de	his, hers
家	jiā	family, home
爸爸	bàba	father
妈妈	māma	mother
哥哥	gēge	older brother
弟弟	dìdi	younger brother
姐姐	jiějie	older sister
妹妹	mèimei	younger sister
爷爷	yéye	grandpa
奶奶	nǎinai	grandma
阿姨	āyí	auntie
叔叔	shūshu	uncle
没有	méiyǒu	do not have

READ ALOUD

Nǐ zhīdào tā shì nǎ guó rén ma?
  Wǒ zhīdào, tā shì Àodàlìyà rén.

Dīngding yǒu yí ge hǎo péngyou,
  jiào Xiǎofāng, tā qī suì.
  Tā shì Zhōngguó rén.

Tell your **lǎoshī** how many brothers and sisters you have.

Wǒ you _____ gēge.
  _____ dìdi.
  _____ jiějie.
  _____ mèimei.

Hànyǔ Pīnyīn

	an	en	ang	eng	ong
d		dèn	dāng		dǒng
t	tān	—		téng	tōng
n	nán	nèn	náng	néng	nóng
l	lán	—	láng		

Activities:

Use the following pattern to find out how many brothers and sisters your friends have.

					Their age			
Name:	gēge	jiějie	dìdi	mèimei	gēge	jeǐjei	dìdi	mèimei
Mary	1	0	1	0	10		3	

A: Mǎlì, nǐ yǒu gēge ma?

B: Wǒ yǒu gēge.

A: Nǐ yǒu jǐ ge gēge?

B: Wǒ yǒu _____ gēge.

A: Nǐ gege jǐ suì?

B: Tā _____ suì. or (yí ge _____ suì, yí ge _____ suì)

A: Nǐ gēge jiào shénme míngzì?

B: Wǒ gēge jiào _____. or (Tā de míngzi shì _____.)

Try to count more:

From 51 to 80

   51   52   53   54   55   56   57   58
wǔshíyī, wǔshí'èr, wǔshísān, wǔshísì, wǔshíwǔ, wǔshíliù, wǔshíqī, wǔshíbā,

   59   60   61...   70...   80...
wǔshíjiǔ, liùshí, liùshíyī... qīshí... bāshí...

REVIEW（一）

我 叫 小芳，我 是 英 国 人。
Wǒ jiào Xiǎofāng, wǒ shì Yīngguó rén.

我 有 一 个 好 朋友，他 的 名 字 叫 丁丁。
Wǒ yǒu yí ge hǎo péngyou, tā de (his) míngzi jiào Dīngding.

丁丁 是 中 国 人。他 七 岁。
Dīngding shì Zhōngguó rén. Tā qī suì.

他 有 爸爸，妈妈，一个姐姐，一个弟弟。
Tā yǒu bàba, māma, yí ge jiějie, yí ge dìdi.

姐姐 十 岁。
Jiějie shí suì.

弟弟 五 岁。
Dìdi wǔ suì.

Your turn ...... Now, please introduce yourself to all the *xiǎo péngyou* by using the following pattern.

Wǒ jiào _____. Wǒ shì _____ rén.

Wǒ _____ suì.

Wǒ yǒu bàba, māma, _____ (how many brothers and sisters).

Wǒ yǒu _____ ge hǎo péngyou.

6. My school
Wǒ de xuéxiào

我叫丁丁。
Wǒ jiào Dīngding.

我住在香港。
Wǒ zhù zài Xiānggǎng.

你住在哪儿？
Nǐ zhù zài nǎr?

29

你的 学校 在哪儿？
Nǐ de xuéxiào zài nǎr?

我 的 学校 在 九龙。
Wǒ de xuéxiào zài Jiǔlóng.

你们 班 有 几个 学生？
Nǐmen bān yǒu jǐ ge xuésheng?

我们 班 有 25 个 学生。
Wǒmen bān yǒu èrshíwǔ ge xuésheng.

你的 中文 老师是 谁？
Nǐ de Zhōngwén lǎoshī shì shéi?

我 的 中文 老师是 王 老师。
Wǒ de Zhōngwén lǎoshī shì Wáng lǎoshī.

Vocabulary

学校	xuéxiào	school
住	zhù	live
在	zài	to be at/in (a place)
哪儿	nǎr	where
班	bān	class
学生	xúesheng	student(s)
中文	Zhōngwén	Chinese
我们	wǒmen	we, us
你们	nǐmen	you
他们	tāmen	they, them
王	Wáng	last name
九龙	Jiǔlóng	Kowloon
香港	Xiānggǎng	Hong Kong
英国	Yīngguó	England

READ ALOUD

Wǒ de lǎoshī shì Zhōngguó rén.
　　Tā zhù zài *Jiǔlóng*.

Tā de lǎoshī shì Yīngguó rén.
　　Tā zhù zài *Xiānggǎng*.

Wǒ yǒu yéye, nǎinai, tāmen zhù zài *Yīngguó*.

ANSWER THE QUESTIONS

Nǐ de xuéxiào zài nǎr?
Wǒ de xuéxiào zài _____ .

Nǐmen bān yǒu jǐ ge xuésheng?
Wǒmen bān yǒu _____ ge xuésheng.

Hànyǔ Pīnyīn

	ua	uo	uai	uei (ui)
g	guā	guó	guāi	
k	kuā	kuò		kuī
h			huài	huì

32

THE BIRTH OF CHINESE CHARACTERS

There was once a clever man called Canjie. In the forest he saw lots of footprints made by animals. He gave each footprint a name. Some people say, this is how Chinese writing started.

But other people think that different groups of people made up their own words. Perhaps Cangjie just made things clearer.

A very long time ago words were carved or written on bones and tortoise shell. These bones and shells are 3,500 years old.

This bone is very valuable — it is covered in ancient Chinese writing.

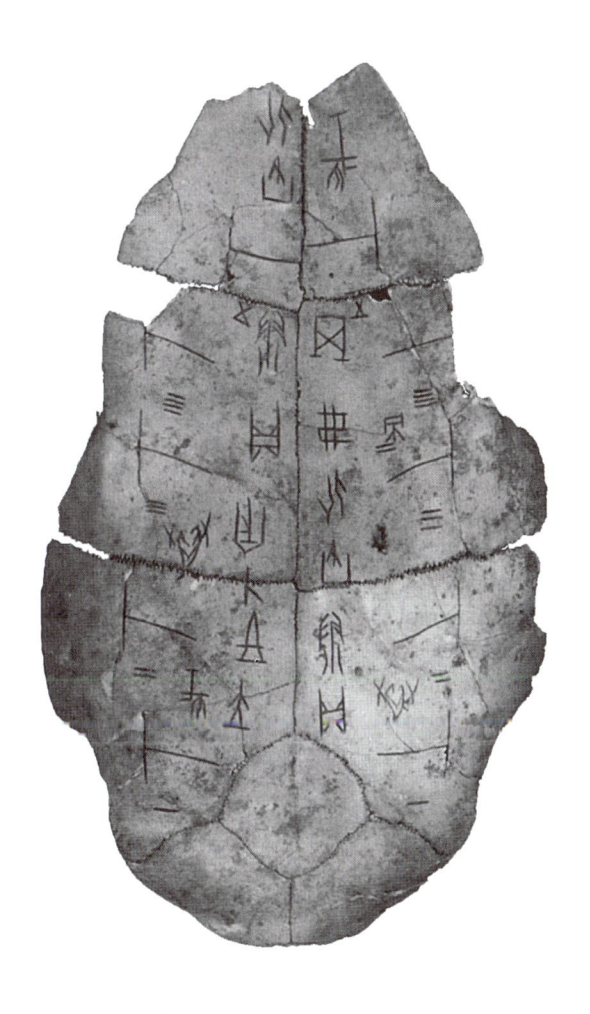

Ancient Chinese writing on a tortoise shell, over three thousand years old.

In the old days the word for sun looked like the sun. But now it has changed and looks like a square.

2,000 years ago the Chinese began writing with brushes on paper and silk.

MAN		丿	人	人
MOUNTAIN		灬	山	山
SUN		⊖	⊖	日
MOON		)	D	月
WATER			川	水
FIRE		ᴗ	火	火

34

7. My Body—What is this? (Part I)
Wǒ de shēntǐ—zhè shì shénme?

那是什么？
Nà shì shénme?

那是外星人。
Nà shì wàixīngrén.

外星人几岁？
Wàixīngrén jǐ suì?

一百岁。
Yì bǎi suì.

它有三个头
Tā yǒu sān ge tóu

六只眼睛　两张嘴
liù zhī yǎnjing　liǎng zhāng zuǐ

三个鼻子　四只耳朵
sān ge bízi　sì zhī ěrduo

它有什么？　六只手。
Tā yǒu shénme?　liù zhī shǒu.

真可怕！
Zhēn kěpà!

Vocabulary

这是	zhè shì	this is (these are)
身体	shēntǐ	body
那是	nà shì	that is (those are)
头	tóu	head
眼睛	yǎnjing	eye
嘴（巴）	zuǐ (ba)	mouth
鼻子	bízi	nose
耳朵	ěrduo	ear
手	shǒu	hand(s)
张	zhāng	measure word
只	zhī	measure word
外星人	wàixīngrén	alien
真	zhēn	really
可怕	kěpà	horrible

READ ALOUD

Zhè shì wǒ de xuéxiào.
  Wǒmen bān yǒu 30 ge xuésheng.

Wǒ yǒu yí ge hǎo péngyou.
  Tā shì Zhōngguó rén.
  Tā zhù zài Jiǔlóng.

Hànyǔ Pīnyīn

	uei (ui)	uan	uen
z		zuān	zūn
c	cuì	cuān	cùn
s	suì	suān	

Try to learn more ...

小小 眼睛，看看 世界
xiǎoxiǎo yǎnjing, kànkan shìjiè

小小 鼻子，闻闻 东西
xiǎoxiǎo bízi, wénwen dōngxi

小小 耳朵，听听 声音
xiǎoxiǎo ěrduo, tīngting shēngyin

小小 嘴巴，要 说 真话
xiǎoxiǎo zuǐba, yào shuō zhēnhuà

New Words

看	kàn	look, see, watch
世界	shìjiè	world
闻	wén	smell
东西	dōngxi	thing(s)
听	tīng	listen
声音	shēngyin	sound
要	yào	have to, must
说	shuō	speak, talk
真话	zhēnhuà	tell the truth

Try to count more:

From 90 to 100

90　91　92　93　94　95　96　97　98

jiǔshí, jiǔshíyī, jiǔshí'èr, jiǔshísān, jiǔshísì, jiǔshíwǔ, jiǔshíliù, jiǔshíqī, jiǔshíbā,

99　100

jiǔshíjiǔ, yìbǎi.

Basic Strokes of Chinese Characters

Strokes are the building blocks of Chinese characters. Strokes can be straight or crooked lines, curves, or small short marks. Almost all strokes are written from left to right, top to bottom. In writing a Chinese characters, strokes are drawn in a certain order.

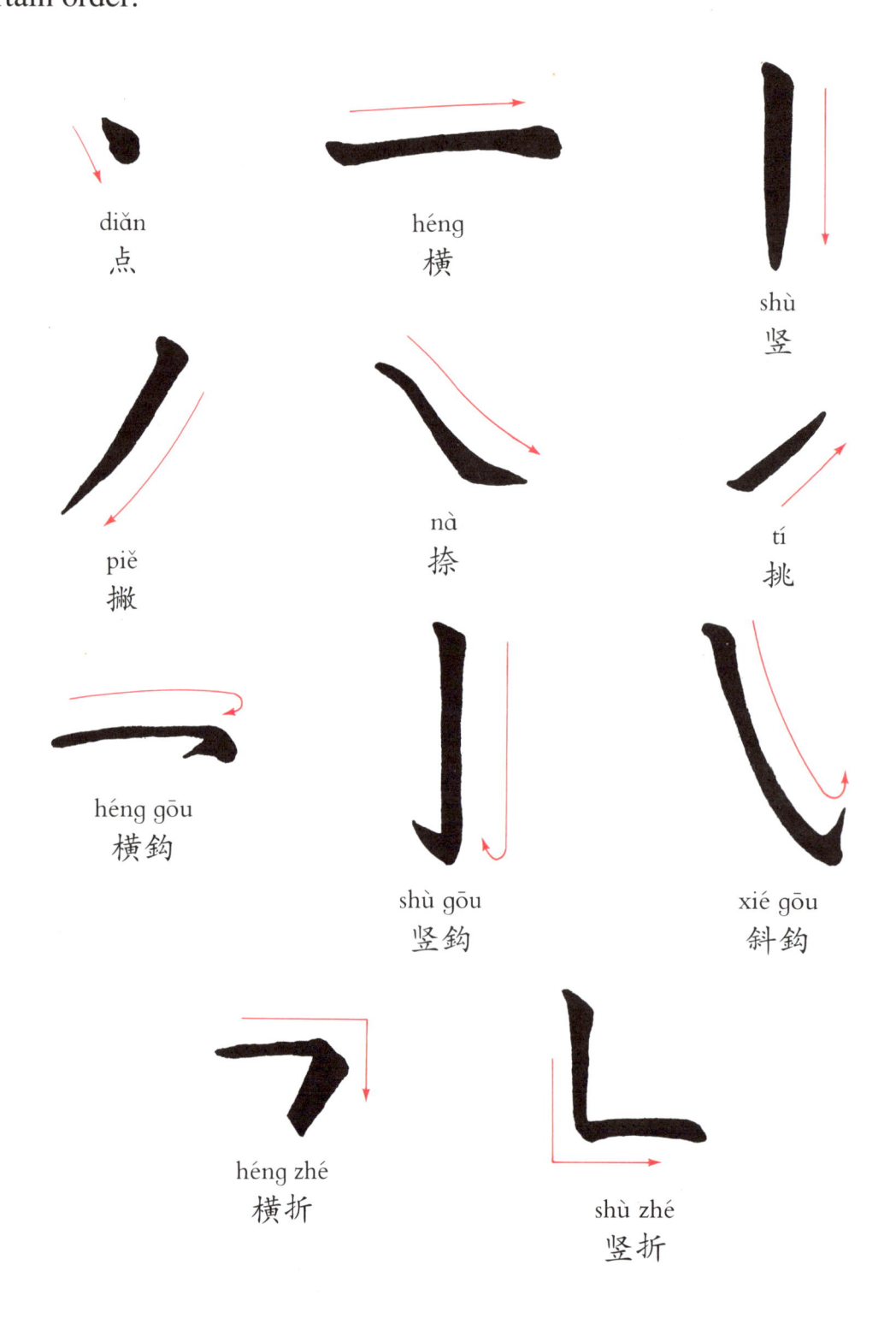

diǎn
点

héng
横

shù
竖

piě
撇

nà
捺

tí
挑

héng gōu
横钩

shù gōu
竖钩

xié gōu
斜钩

héng zhé
横折

shù zhé
竖折

8. My Body—What is this? (Part II)
Wǒ de shēntǐ—zhè shì shénme?

头 tóu

头发 tóufa

手 shǒu

脚 jiǎo

腿 tuǐ

小朋友, 请你……
Xiǎopéngyou, qǐng nǐ…

1. 点点头,拍拍你的手。
   diǎndian tóu, pāipai nǐ de shǒu.

2. 摇摇头,握握他的手。
   yáoyao tóu, wòwo tā de shǒu.

3. 抬起头,举举手。
   táiqǐ tóu, jǔju shǒu.

4. 低下头,拍拍腿。
   dīxià tóu, pāipai tuǐ.

5. 摸摸你的头发。
   mōmo nǐ de tóufa.

6. 站起来,跑一跑。
   zhàn qǐlai, pǎoyipǎo.

7. 我们都是好朋友。
   Wǒmen dōu shì hǎo péngyou.

Vocabulary

请	qǐng	please
点	diǎn	nod
头发	tóufa	hair
拍	pāi	clap
摇	yáo	shake
握	wò	hold (shake)
抬起	táiqǐ	raise
举	jǔ	raise
低下	dīxià	lower
腿	tuǐ	leg(s)
脚	jiǎo	foot (feet)
跑	pǎo	run
都	dōu	all

READ ALOUD

Zhè shì shénme?
　　Zhè shì wàixīngrén.
　　Tā yǒu _____ .

LOOK AND SAY

Hànyǔ Pīnyīn

	uan	un	uang
zh	zhuān	zhūn	zhuāng
ch		chūn	
sh	shuān	shǔn	shuāng

44

SONG ABOUT MY BODY

Yǎnjing, Bízi, Zuǐba

(to the tune of "London Bridge")

Yǎnjing, bízi zuǐba

zuǐba, zuǐba

Yǎnjing, bízi zuǐba

ěrduo, ěrduo

9. Let's compare
Bǐyìbǐ

我家有五口人。
Wǒ jiā yǒu wǔ kǒu rén.

爸爸，妈妈，哥哥，姊姊和我。
Bàba, māma, gēge, jiějie hé wǒ.

我们 还有 一只 大狗
Wǒmen háiyǒu yì zhī dà gǒu

和一只 小 猫。
hé yì zhī xiǎo māo.

爸爸比妈妈高。
Bàba bǐ māma gāo.

哥哥比姊姊胖。
Gēge bǐ jiějie pàng.

姊姊比我矮。
Jiějie bǐ wǒ ǎi.

我的猫腿很短。
Wǒ de māo tuǐ hěn duǎn,

我的狗耳朵很长。
Wǒ de gǒu ěrduo hěn cháng,

尾巴很长。
wěiba hěn cháng.

眼睛很大。
yǎnjing hěn dà.

狗很淘气。
Gǒu hěn táoqi.

猫很乖。
Māo hěn guāi.

Vocabulary

和	hé	and
还	hái	still, yet
比	bǐ	compare
高	gāo	tall
矮	ǎi	short
胖	pàng	fat
瘦	shòu	thin, lean
很	hěn	very, very much
猫	māo	cat
狗	gǒu	dog
乖	guāi	obedient
淘气	táoqi	naughty

READ ALOUD

Nǐ de xuéxiào zài nǎr?
　　Wǒ de xuéxiào zài Xiānggǎng.

Tā zhù zài nǎr?
　　Tā zhù zài Jiǔlóng.

Try to learn more ......

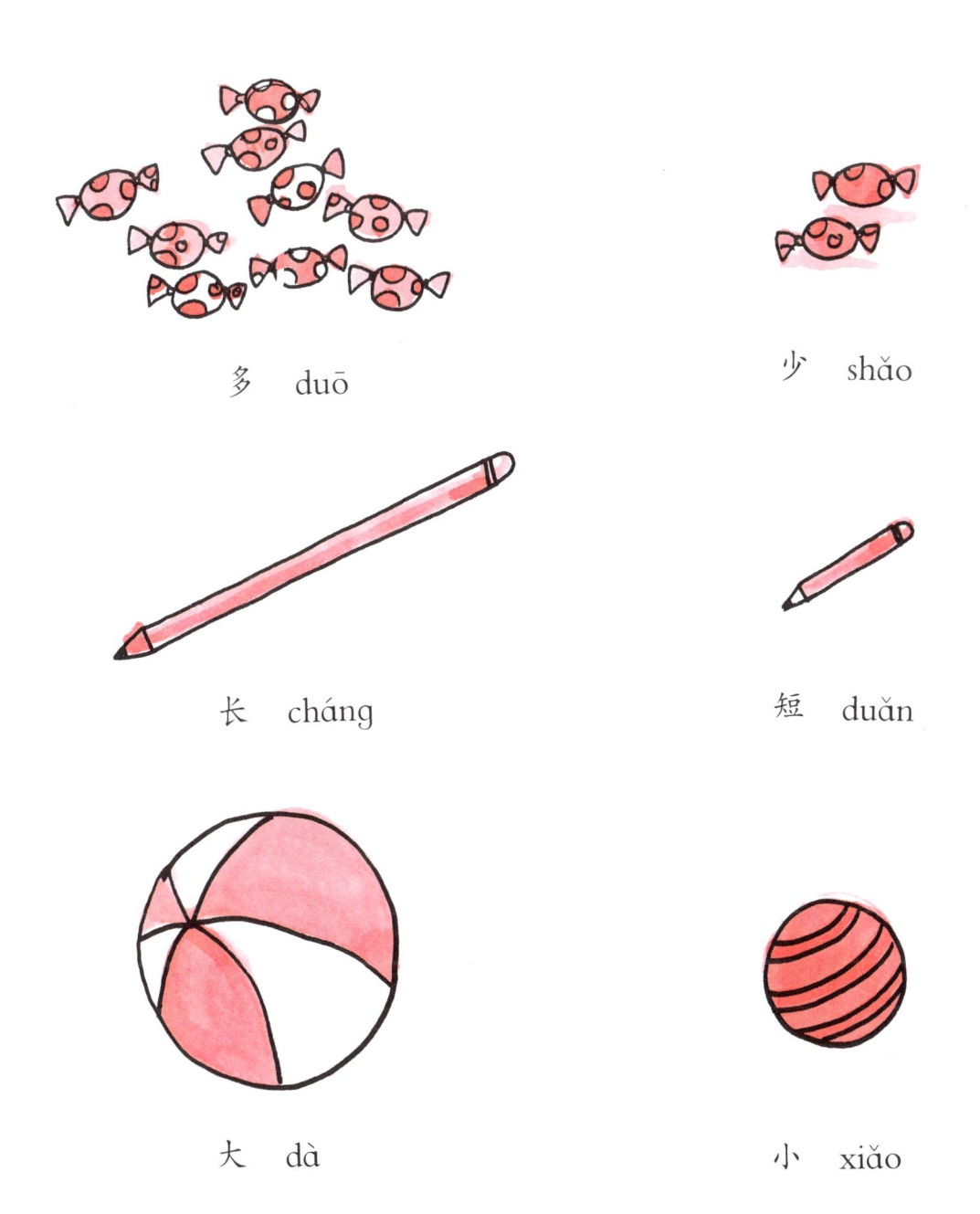

多　duō

少　shǎo

长　cháng

短　duǎn

大　dà

小　xiǎo

49

Stroke-order of Chinese characters

Example	Stroke-order	Rules
十	一 十	先横后竖 héng comes before
人	丿 人	先撇后捺 piě comes before
三	一 二 三	从上到下 from top to bottom
什	丿 亻 什	从左到右 from left to right
月	丿 刀 月 月	从外到内 from outside to inside
日	丨 冂 日 日	先里头后封口 Inside comes before the sealing stroke
小	亅 小 小	先中间后两边 Middle comes before the two sides

50

SONGS AND RHYMES

yì shǎn, yì shǎn, liàng jīngjīng.
Mǎntiān dōushì xiǎo xīngxing.
Guà zài tiānkōng fàng kuāngmíng.
Hǎoxiàng xǔduō xiǎo yǎnjing.
yì shǎn, yì shǎn, liàng jīngjīng.
Mǎntiān dōushì xiǎo xīngxing.

Hànyǔ Pīnyīn

	ian	in	iang	ing	iong
q	qín	qín	qǐng	qǐng	qióng
j	jiān	jìn	jiāng	jīng	jiǒng
x	xiān	xiǎng	xiǎng	xiōng	xiōng

51

10. What colour is this?
Zhè shì shénme yánsè?

白色
báisè

粉红色
fěnhóng sè

紫色
zǐsè

黑色
hēisè

橙色
chéngsè

红色
hóngsè

黄色
huángsè

绿色
lǜsè

蓝色
lánsè

黄色
huángsè

这是 什么 颜色？
Zhè shì shénme yánsè?

这是 黄色。
Zhè shì huángsè.

那是 什么 颜色？
Nà shì shénme yánsè?

那是 红色。
Nà shì hóngsè.

黄色 huángsè
黑色 hēisè
橙色 chéngsè
白色 báisè
粉红色 fěnhóng sè
蓝色 lánsè
红色 hóngsè
紫色 zǐsè
绿色 lǜsè

你喜欢 什么 颜色？
Nǐ xǐhuan shénme yánsè?

我 喜欢 白色，
Wǒ xǐhuan báisè,

也喜欢 红色。
yě xǐhuan hóngsè.

Vocabulary

颜色	yánsè	colour
红色	hóngsè	red
橙色	chéngsè	orange
黄色	huángsè	yellow
绿色	lǜsè	green
蓝色	lánsè	blue
紫色	zǐsè	purple
粉红色	fěnhóngsè	pink
黑色	hēisè	black
白色	báisè	white
喜欢	xǐhuan	like
不喜欢	bù xǐhuan	do not like

READ ALOUD

Qǐng nǐ mōmo tā de tóu.
   Qǐng nǐ wòwo tā de shǒu.

Mǎlì de zuǐba bǐ wǒ dà.
   Ānnà de tóufa bǐ wǒ cháng.

SONGS AND RHYMES

大头，大头，
Dà tóu, Dà tóu,

下雨不愁，
xià yǔ bù chóu,

人家有伞，我有大头。
rénjia yǒu sǎn, wǒ yǒu dà tóu.

Hànyǔ Pīnyīn

	ü	üe	üan	ün
j	jū	jué	juān	jūn
q	qù	quē	quán	qún
x	xù		xuan	xún
y			yuán	

55

Draw a picture of a Wàixīngrén—make up your own. Tell your lǎoshī in Chinese what he looks like, colour of his face, eyes, etc. and how old he is.

SONGS AND RYHMES 🎵

(to the tune of Days of the week)

我们是这样写汉字，写汉字，写汉字，
Wǒmen shì zhèyàng xiě Hànzì, xiě Hànzì, xiě Hànzì,

我们是这样写汉字，先横后竖。
Wǒmen shì zhèyàng xiě Hànzì, xiān héng hòu shù.

我们是这样写汉字，写汉字，写汉字，
Wǒmen shì zhèyàng xiě Hànzì, xiě Hànzì, xiě Hànzì,

我们是这样写汉字，先撇后捺。
Wǒmen shì zhèyàng xiě Hànzì, xian piě hòu nà.

我们是这样写汉字，写汉字，写汉字，
Wǒmen shì zhèyàng xiě Hànzì, xiě Hànzì, xiě Hànzì,

我们是这样写汉字，从上到下。
Wǒmen shì zhèyàng xiě Hànzì, cóng shàng dào xià.

我们是这样写汉字，写汉字，写汉字，
Wǒmen shì zhèyàng xiě Hànzì, xiě Hànzì, xiě Hànzì,

我们是这样写汉字，从左到右。
Wǒmen shì zhèyàng xiě Hànzì, cóng zuǒ dào yòu.

我们是这样写汉字，写汉字，写汉字，
Wǒmen shì zhèyàng xiě Hànzì, xiě Hànzì, xiě Hànzì,

我们是这样写汉字，从外到内。
Wǒmen shì zhèyàng xiě Hànzì, cóng wài dào nèi.

十

人

三

什

月

我们是这样写汉字，写汉字，写汉字，
Wǒmen shì zhèyàng xiě Hànzì, xiě Hànzì, xiě Hànzì,

我们是这样写汉字，先里头后封口。　　日
Wǒmen shì zhèyàng xiě Hànzì, xiān lǐtou hòu fēng kǒu.

我们是这样写汉字，写汉字，写汉字，
Wǒmen shì zhèyàng xiě Hànzì, xiě Hànzì, xiě Hànzì,

我们是这样写汉字，先中间后两边。　　小
Wǒmen shì zhèyàng xiě Hànzì, xiān zhōngjiān hòu liǎng biān.

Chinese Characters

一　一
yī

二　一　二
èr

三　一　二　三
sān

十　一　十
shí

REVIEW（二）

丁丁 住在 香港，
Dīngding zhù zài Xiānggǎng,

他的 学校 在 九龙。
Tā de xuéxiào zài Jiǔlóng.

他的 好 朋友，玛莉住在 九龙。
Tā de hǎo péngyou, Mǎlì zhù zài Jiǔlóng.

丁丁 比玛莉小，玛莉比 丁丁 胖。
Dīngding bǐ Mǎlì xiǎo, Mǎlì bǐ Dīngding pàng.

玛莉的头发比 丁丁 长。
Mǎlì de tóufa bǐ Dīngding cháng.

丁丁 喜欢绿色，玛莉喜欢 黄色，
Dīngding xǐhuan lǜsè, Mǎlì xíhuān huángsè,

他们 都 不 喜欢 红色。
Tāmen dōu bù xǐhuan hóngsè.

Your turn …… Now, please introduce yourself to all the *xiǎo péngyou* by using the following pattern.

Wǒ jiào _____. Wǒ zhù zài _____. Wǒ de xuéxiào zài _____.

Wǒ xíhuan _____ sè, bù xǐhuan _____ sè.

11. My toys
Wǒ de wánjù

我 有 很 多 玩具。
Wǒ yǒu hěn duō wánjù.

我 有 飞机，小汽车 和 船。
Wǒ yǒu fēijī, xiǎoqìchē hé chuán.

我 喜欢 玩儿 飞机。
Wǒ xǐhuan wánr fēijī.

我 常 玩儿 飞机。
Wǒ cháng wánr fēijī.

好！等一下。
Hǎo! Děngyíxià.

哥哥，
Gēge,
让 我 玩儿 一下，好吗？
ràng wǒ wánr yíxià, hǎo mā?

该 谁 了？
Gāi shéi le?

该 玛莉 了。
Gāi Mǎlì le.

妹妹 有 洋娃娃。
Mèimei yǒu yángwáwa,

妹妹 常 玩儿 洋娃娃，
Mèimei cháng wánr yángwáwa,

不 常 玩儿 飞机。
Bù cháng wánr fēijī.

你 常 玩儿 什么？
Nǐ cháng wánr shénme?

Vocabulary

很多	hěnduō	many
玩儿	wánr	to play
玩具	wánjù	toy(s)
飞机	fēijī	areoplane(s)
小汽车	xiǎo qìchē	(small) car(s)
船	chuán	boat(s)
洋娃娃	yángwáwa	doll(s)
等一下	děngyíxià	wait a second
常	cháng	often
不常	bù cháng	not very often
让	ràng	let
一下	yíxià	once, in a short while
该	gāi	whose turn

READ ALOUD

Nǐ cháng wánr shénme wánjù?
    Wǒ cháng wánr fēijī.

WHAT TOYS DO YOU HAVE

Wǒ yǒu _____.

Gēge yǒu _____.

Dìdi yǒu _____.

Wǒ méiyǒu _____.

Chinese Characters

人 　ノ　 人
rén

大 　一　 ナ　 大
dà

口 　丨　 冂　 口
kǒu

日 　丨　 冂　 日　 日
rì

12. Where is my aeroplane?
Wǒ de fēijī zài nǎr?

我 不知道，
Wǒ bùzhīdào.

我们 找找 看！
Wǒmen zhǎozhao kàn!

妈妈，
Māma,

我的飞机在哪儿？
wǒ de fēijī zài nǎr?

找到了，
Zhǎo dào le,

我的飞机在桌子上边。
wǒ de fēijī zài zhuōzi shàngbian.

我的船呢？
Wǒ de chuán ne?

你的船在椅子下边。
Nǐ de chuán zài yǐzi xiàbian.

我的小汽车呢？
Wǒ de xiǎoqìchē ne?

你的小汽车在书包里。
Nǐ de xiǎoqìchē zài shūbāo lǐ.

谢谢！妈妈！
Xièxie, Māma!

Vocabulary

找	zhǎo	to look for
桌子	zhuōzi	table
书包	shūbāo	school bag
书	shū	book(s)
椅子	yǐzi	chair
上（边）	shàng(bian)	top, above
下（边）	xià(bian)	below, under
左（边）	zuǒ(bian)	left
右（边）	yòu(bian)	right
里（边）	lǐ(bian)	inside
外（边）	wài(bian)	outside
找到了	zhǎo dào le	found it
谢谢	xièxie	thanks

READ ALOUD

Ràng wǒ wánr yíxià hǎo ma?
　　Hǎo. Děngyíxià.

Wǒ de wánjù zài nǎr?
　　Wǒ bùzhīdào nǐ de wánjù zài nǎr. Wǒmen zhǎozhao kàn.

LOOK AND SAY

Zhè shì shénme?
Zhè shì wǒ de zuǒshǒu.
Zhè shì shénme?
Zhè shì wǒ de yòu jiǎo.

Chinese Characters

天　一　二　于　天
tiān

早　丶　口　冃　日　旦　早
zǎo

上　丨　卜　上
shàng

下　一　丁　下
xià

13. I am hungry
Wǒ è le

你想吃什么？
Nǐ xiǎng chī shénme?

妈妈，我饿了。
Māma, wǒ è le.

热狗，薯条在桌子上边。
Règǒu, shǔtiáo zài zhuōzi shàngbian

我想吃热狗，薯条。
Wǒ xiǎng chī règǒu, shǔtiáo.

妈妈，我渴了。
Māma, wǒ kě le.

我 想 喝果汁。
Wǒ xiǎng hē guǒzhī.

果汁 在哪儿？
Guǒzhī zài nǎr?

果汁在 冰箱 里。
Guǒzhī zài bīngxiāng lǐ.

我 吃饱了，
Wǒ chībǎo le,

谢谢，妈妈。
Xièxie, māma.

Vocabulary

饿	è	hungry
想	xiǎng	would like to, wish, want
吃	chī	to eat
渴	kě	thirsty
喝	hē	to drink
牛奶	niúnǎi	milk
果汁	guǒzhī	juice
冰箱	bīngxiāng	refrigerator
饱了	bǎo le	full

READ ALOUD

Wǒ è le, wǒ xiǎng chī *bǐnggān (biscuits)*.

Bǐnggān zài nǎr?

Bǐnggān zài bīngxiāng lǐ.

Xièxie.

LOOK AND SAY

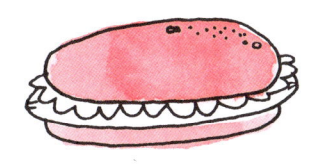

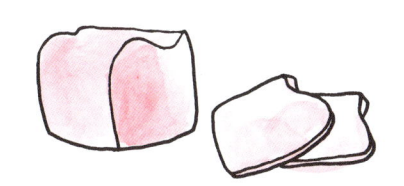

Wǒ xiǎng chī _____.

Wǒ bù xiǎng chī _____.

Chinese Characters

月 丿 刀 月 月
yuè

生 丿 ㇒ 亠 牛 生
shēng

明 丨 冂 月 日 盯 明 明 明
míng

星 丶 冂 冃 日 尸 星 星 旱 星
xīng

14. Chinese Food
Zhōngguó cài

今天 吃 什么？
Jīntiān chī shénme?

今天 吃 中国 菜。
Jīntiān chī Zhōngguó cài.

这 是 炒饭，那 是 饺子。
Zhè shì chǎofàn, nà shì jiǎozi.

我 用 筷子 吃饭，
Wǒ yòng kuàizi chī fàn.

用 勺儿 喝 汤。
Yòng sháor hē tāng.

我 想 吃 饺子。
Wǒ xiǎng chī jiǎozi.

你 想 吃 什么？
Nǐ xiǎng chī shénme?

先生，请给我们二十个饺子。
Xiānsheng, qǐng gěi wǒmen èrshí ge jiǎozi,

两 杯果汁。
Liǎng bēi guǒzhī.

先生，我不会用 筷子。
Xiānsheng, wǒ bú huì yòng kuàizi.

请 给我刀叉。
Qǐng gěi wǒ dāo chā.

谢谢。
Xièxie.

Vocabulary

中国菜	Zhōngguó cài	Chinese food
今天	jīntiān	today
饭	fàn	rice
菜	cài	dish(es)
面	miàn	noodles
饺子	jiǎozi	dumpling
炒饭	chǎofàn	fried rice
炒面	chǎomiàn	fried noodles
筷子	kuàizi	chopsticks
会	huì	know how to
碗	wǎn	bowl
勺儿	sháor	spoon
先生	xiānsheng	Mr.
用	yòng	to use
给	gěi	to give
杯	bēi	a glass of…

74

刀　　　dāo　　　　　knife(s)

叉　　　chā　　　　　fork(s)

READ ALOUD

Wǒ bù xiǎng chī miànbāo, wǒ xiǎng chī shǔtiáo.
　　Dìdi xiǎng hē guǒzhī.

LOOK AND SAY

1. Qǐng gěi wǒ _____, xièxie.

2. Qǐng gěi wǒ yì bēi _____, xièxie.

Chinese Characters

朋　　丿　　刀　　月　　月　　朋　　朋　　朋　　朋
péng

友　　一　　ナ　　方　　友
yǒu

中　　丨　　冂　　口　　中
zhōng

也　　乛　　也　　也
yě

15. What fruit do you want to eat?
Nǐ xiǎng chī shénme shuǐguǒ?

你们 想 吃 什么 水果？
Nǐmen xiǎng chī shénme shuǐguǒ?

我 想 吃 苹果。
Wǒ xiǎng chī píngguǒ.

弟弟想 吃 香蕉。
Dìdi xiǎng chī xiāngjiāo.

姐姐喜欢 吃 草莓。
Jiějie xǐhuan chī cǎoméi.

哥哥喜欢 吃 梨。
Gēge xǐhuan chī lí.

小 朋友，告诉我，
Xiǎo péngyou, gàosu wǒ,

你最 喜欢 吃 什么 水果？
Nǐ zuì xǐhuan chī shénme shuǐguǒ?

Vocabulary

水果	shuǐguǒ	fruit(s)
苹果	píngguǒ	apple
香蕉	xiāngjiāo	banana
草莓	cǎoméi	strawberry
葡萄	pútao	grapes
梨	lí	pear
西瓜	xīgua	watermelon
告诉	gàosu	to tell
最	zuì	the most

READ ALOUD

Wǒ xiǎng chī chǎomiàn.
Nǐ huì yòng kuàizi ma?
Wǒ huì yòng kuàizi.
Wǒ dìdi bú huì yòng kuàizi.
Qǐng gěi tā dāo chā.

ANSWER THE QUESTIONS

Nǐ xiǎng chī lí ma?
Wǒ bù xiǎng _____.

Nǐ xiǎng chī shénme?
Wǒ xiǎng chī _____.

Nǐ zhì xǐhuan chī shénme?
Wǒ zuì xǐhuan chī _____.

Nǐ xiǎng hē shénme _____?
Wǒ xiǎng hē kělè (Coke).

Chinese Characters

小　亅　小　小
xiǎo

他　丿　亻　仁　仲　他
tā

女　く　夊　女
nǚ

她　く　夊　女　奵　奵　她
tā

REVIEW（三）

（一）

爸爸，妈妈，哥哥和我一起去
Bàba, māma, gēge hé wǒ yìqǐ qù

吃 中国 菜。
chī Zhōngguó cài.

我 喜欢 吃 炒饭，哥哥喜欢 吃 炒面。
Wǒ xǐhuan chī chǎofàn, gége xǐhuan chī chǎomiàn.

我们 用 筷子吃饭。
Wǒmen yòng kuàizi chī fàn.

（二）

桌子 上边 有 很 多 玩具，是我的 生日 礼物。
Zhuōzi shàngbian yǒu hěn duō wánjù, shì wǒ de shēngrì lǐwù (presents).

有 小 汽车和飞机，
Yǒu xiǎo qìchē hé fēijī.

我们一起玩儿，好不好？
Wǒmen yìqǐ wánr, hǎobuhǎo?

该 谁 了？
Gāi shéi le?

该 妹妹 了。
Gāi mèimei le.

16. What time is it?

Jǐ diǎn le?

我 有一个 朋友，
Wǒ yǒu yí ge péngyou.

白天 睡觉，
báitiān shuìjiào,

晚上 吃 东西，
Wǎnshang chī dōngxi.

它 很 聪明。它是一只 猫头鹰。
Tā hěn cōngming. Tā shì yì zhī māotóuyīng.

81

你猜猜，它每天
Nǐ cāicai, tā měitiān

几点 起床？
jǐ diǎn qǐchuáng?

几点 吃早饭？
Jǐ diǎn chī zǎofàn?

几点 上学？
Jǐ diǎn shàngxué?

几点 睡觉？
Jǐ diǎn shuìjiào?

Vocabulary

几点	jǐ diǎn	what time
白天	báitiān	day
睡觉	shuìjiào	sleep
晚上	wǎnshang	evening
聪明	cōngming	clever
它	tā	it
猫头鹰	māotóuyīng	owl
猜	cāi	to guess
起床	qǐchuáng	get up
早饭	zǎofàn	breakfast
上学	shàngxué	go to school

READ ALOUD

Nǐ zuì xǐhuan chī shénme shuǐguǒ?

Wǒ zuì xǐhuan chī xīguā, nǐ ne?

Wǒ zuì xǐhuan chī pútao.

LOOK AND SAY

Jǐ diǎn le? _____.

Jǐ diǎn le? _____.

Jǐ diǎn le? _____.

早上 zǎoshang (*morning*)

中午 zhōngwǔ (*noon*)

晚上 wǎnshang (*evening*)

Chinese Characters

子 　フ　了　子
zǐ

好 　く　女　女　女'　女ㄅ　好
hǎo

有 　一　ナ　ナ　冇　有　有
yǒu

个 　ノ　人　个
gè

17. What day is it today?
Jīntiān xīngqī jǐ?

日 rì	
一 yī	
二 èr	
三 sān	
四 sì	
五 wǔ	
六 liù	

今天 星期几？
Jīntiān xīngqī jǐ?

让 我 想一想。
Ràng wǒ xiǎngyìxiǎng,

今天 我 有 游泳 课。
Jīntiān wǒ yǒu yóuyǒng kè.

我 每 星期六 有 游泳 课。
Wǒ měi xīngqīliù yǒu yóuyǒng kè.

啊！今天 星期六。
À, jīntiān xīngqīliù.

昨天 呢？
Zuótiān ne?

昨天 星期五，
Zuótiān xīngqīwǔ,

玛莉 你 有 什么 课？
Mǎlì nǐ yǒu shénme kè?

我 有 汉语 课。
Wǒ yǒu Hànyǔ kè.

明天 星期天，我们 不 上学。
Míngtiān xīngqītiān, wǒmen bú shàngxué.

我们 一起 去 公园 打球，好 吗？
Wǒmen yìqǐ qù gōngyuán dǎqiú, hǎo ma?

明天 星期几？
Míngtiān xīngqī jǐ?

Vocabulary

昨天	zuótiān	yesterday
明天	míngtiān	tomorrow
星期几	xīngqī jǐ	what day?
星期一	xīngqīyī	Monday
星期二	xīngqī'èr	Tuesday
星期三	xīngqīsān	Wednesday
星期四	xīngqīsì	Thursday
星期五	xīngqīwǔ	Friday
星期六	xīngqīliù	Saturday
星期天（日）	xīngqītiān(rì)	Sunday
去	qù	to go
公园	gōngyuán	park
游泳	yóuyǒng	swim
汉语	Hànyǔ	Chinese
音乐	yīnyuè	music
打球	dǎ qiú	play a ball game
画画	huàhuàr	to paint
课	kè	lesson
每	měi	every

READ ALOUD

Jīntiān xīngqī jǐ? Jīntiān xīngqīyī.
　Zuótiān wǎnshang wǒ hé bàba, māma qù chī Zhōngguó cài.
　　Wǒmen chī chǎomiàn hé jiǎozi.

Activities:

Find out the activities of your classmates.

Míngzi	xīngqīyī	xīngqī'èr	xīngqīsān	xīngqīsì	xīngqīwǔ	xīngqīliù	xīngqītiān

Chinese Characters

我　ノ 一 于 手 我 我 我
wǒ

你　ノ 亻 亻 你 你 你 你
nǐ

的　ノ 亻 亇 白 白 的 的 的
de

马　フ 马 马
mǎ

18. When is your birthday?
Nǐ de shēngrì shì jǐ yuè jǐ hào?

我 今天 八 点 起床。
Wǒ jīntiān bā diǎn qǐchuáng.

桌子 上 有一个礼物。
Zhuōzi shang yǒu yí ge lǐwù.

我打开礼物，是一只 手表。
Wǒ dǎkāi lǐwù, shì yì zhī shǒubiǎo.

哇，好棒！谢谢爸爸，谢谢妈妈。
Wā, hǎo bàng. Xièxie bàba, xièxie māma.

这是我最喜欢的礼物。
Zhè shì wǒ zuì xǐhuan de lǐwù.

奶奶 给我 做一个巧克力蛋糕。
Nǎinai gěi wǒ zuò yí ge qiǎokèlì dàngāo.

今天 是一月二十号,
Jīntiān shì yī yuè èrshí hào,

是我七岁 生日!
shì wǒ qī suì shēngrì.

丁丁,祝你生日 快乐!
Dīngding, zhù nǐ shēngrì kuàilè!

谢谢, 今天是
Xièxie, Jīntiān shì
我 最 快乐的一天。
wǒ zuì kuàilè de yì tiān.

Vocabulary

月	yuè	month
号	hào	day of the month
打开	dǎkāi	to open
礼物	lǐwù	present(s)
手表	shǒubiǎo	watch
好棒	hǎo bàng	fantastic, wonderful
生日	shēngrì	birthday
做	zuò	to do
巧克力	qiǎokèlì	chocolate
蛋糕	dàngāo	cake
祝	zhù	to wish
生日快乐	shēngrì kuài lè	Happy Birthday
一月	yī yuè	January
二月	èr yuè	February
三月	sān yuè	March
四月	sì yuè	April

五月	wǔ yuè	May
六月	liù yuè	June
七月	qī yuè	July
八月	bā yuè	August
九月	jiǔ yuè	September
十月	shí yuè	October
十一月	shíyī yuè	November
十二月	shí'èr yuè	December

READ ALOUD

Jīntiān shì wǒ de shēngrì, wǒ xiǎng chī cǎoméi dàngāo.
    Zhù nǐ shēngrì kuàilè.
        Xièxie.

Activities

—Find out when your classmates' birthday is.
—Find out what they want for a birthday present.

A: Nǐ de shēngrì shì jǐ yuè jǐ hào?
B: Wǒ de shēngrì shì _____ yuè _____ hào.

A: Nǐ xǐhuan shénme shēngrì lǐwù?
B: Wǒ xǐhuan _____.

Míngzi	Shēngrì	Shēngrì lǐwù

Chinese Characters

字　　丶　丷　宀　宀　宁　字
zì

是　　丨　冂　日　日　旦　早　早　昰　是
shì

妈　　㇄　㇗　女　奵　妈　妈
mā

吗　　丨　冂　口　叮　吗　吗
ma

93

19. Going shopping
Mǎi dōngxi

明天 是我的 生日，
Míngtiān shì wǒ de shēngrì.

妈妈 今天
Māma jīntiān

带我去
dài wǒ qù

买 玩具。
mǎi wánjù.

买 什么 好 呢？
Mǎi shénme hǎo ne?

我 想 买 个 大 机器人。
Wǒ xiǎng mǎi ge dà jīqìrén.

大 机器人 一个 要 五百 块。
Dà jīqìrén yí ge yào wǔbǎi kuài.

妈妈 说，太 贵 了，不 买 大 机器人。
Māma shuō, tài guì le, bù mǎi dà jīqìrén.

那 买 什么 好 呢？
Nà, mǎi shénme hǎo ne?

买 个 小 机器人 吧。
Mǎi ge xiǎo jīqìrén ba.

一个 小 机器人 只 要 五十 块。
Yí ge xiǎo jīqìrén zhǐ yào wǔshí kuài.

很 便宜。
hěn piányi.

Vocabulary

带	dài	to take someone or something
买	mǎi	to buy
买东西	mǎi dōngxi	go shopping
机器人	jīqìrén	robot
多少	duōshao	how much (many)
块(钱)	kuài (qián)	unit for dollar
钱	qián	money
贵	guì	expensive
便宜	piányi	cheap
吧	ba	(modal particle)

READ ALOUD

Zuótiān xīngqī jǐ?

Zuótiān xīngqīliù.

Nǐ qù nǎr?

Bàba hé wǒ qù gōngyuán wánr. Nǐ ne?

Jiějie hé wǒ qù *Màidāngláo (McDonald's)* chī shǔtiáo.

Nǐ míngtiān xiǎng qù nǎr?

Míngtiān xīngqīyī, wǒ yào shàngxué.

LOOK AND SAY

Nǐ xiǎng mǎi shénme?

Wǒ xiǎng mǎi _____.

Tā _____?

Tā xiǎng chī règǒu.

Chinese Characters

手 　ノ　 二　 三　 手
shǒu

不 　一　 フ　 丆　 不
bù

左 　一　 ナ　 左　 左　 左
zuǒ

右 　一　 ナ　 オ　 右　 右
yòu

20. Dingding's Day
Dīngding de yì tiān

我叫丁丁。
Wǒ jiào Dīngding.

我七岁。
Wǒ qī suì.

我住在香港。
Wǒ zhù zài Xiānggǎng.

今天是五月十五号,
Jīntiān shì wǔ yuè shíwǔ hào,

星期三。
xīngqīsān.

早上

我 早上 七点 起床。
Wǒ zǎoshang qī diǎn qǐchuáng.

八点 上学。
Bā diǎn shàngxué.

中午

中午 一点 吃 午饭。
Zhōngwǔ yī diǎn chī wǔfàn.

下午

下午 三点 放学。
Xiàwǔ sān diǎn fàng xué.

放学以后, 我有 游泳 课。
Fàng xué yǐhòu, wǒ yǒu yóuyǒng kè.

我 每星期三 有 游泳 课。
Wǒ měi xīngqīsān yǒu yóuyǒng kè.

我 喜欢 游泳。
Wǒ xǐhuan yóuyǒng.

晚上

我 晚上 八点 睡觉。
Wǒ wǎnshang bā diǎn shuìjiào.

Vocabulary

下午	xiàwǔ	afternoon
放学	fàng xué	finish school
午饭	wǔfàn	lunch
晚饭	wǎnfàn	dinner
以后	yǐhòu	after

READ ALOUD

Jiějie hé wǒ wǎnshang qī diǎn chī wǎnfàn, bā diǎn *kàn diànshì (watch TV)*, jiǔ diǎn shuìjiào.

Zhège duōshao qián?
   Zhège wǔshí kuài qián.

Nàge ne?
   Nàge shíjiǔ kuài qián.

100

Please tell your **lǎoshī nǐ de yì tiān**.

Wǒ jiào _____ .

Wǒ zhù zài _____ .

Wǒ zǎoshang _____ diǎn qǐchuáng,

_____ diǎn chī wǔfàn,

_____ diǎn chī wǎnfàn,

_____ diǎn shuìjiào.

Chinese Characters

午　丿　𠂉　𠂏　午
wǔ

今　丿　人　𠆢　今
jīn

昨　丨　冂　日　日　日'　旷　昨　昨　昨
zuó

期　一　十　廿　卄　甘　且　其　其　刞　期　期　期
qī

REVIEW（四）

今天是六月十号，星期六。
Jīntiān shì liù yuè shí hào, xīngqī liù.

明天是我好朋友James的生日。
Míngtiān shì wǒ hǎo péngyou James de shēngrì.

他的生日是六月十一号，星期天。
Tā de shēngrì shì liù yuè shíyī hào, xīngqī tiān.

我和哥哥早上八点起床。十点，妈妈和我们去
Wǒ hé gēge zǎoshang bā diǎn qǐchuáng. Shí diǎn, Māma hé wǒmen qù

玩具反斗城（Toys "Я" Us）买James的生日礼物。
WánJù Fǎn Dǒu Chéng   mǎi James de shēngrì lǐwù.

中午十二点，我们去麦当劳（McDonald's）吃午饭。
Zhōngwǔ shí'èr diǎn, wǒmen qù Màidāngláo   chī wǔfàn.

我们最喜欢吃汉堡包和薯条。
Wǒmen zuì xǐhuan chī hànbǎobāo hé shǔtiáo.

我喝可乐，哥哥喝果汁。
Wǒ hē kělè, gēge hē guǒzhī.

我们晚上九点睡觉。
Wǒmen wǎnshang jiǔ diǎn shuìjiào.

Index

A

ǎi	short	48
Àodàlìyà rén	Australian	18
āyí	auntie	25

B

ba	(modal particle)	96
bā	eight	8
bàba	father	25
báisè	white	54
báitiān	day	83
bān	class	31
bǎo le	full	70
bā yuè	August	92
bēi	a glass of	74
bǐ	compare	48
bīngxiāng	refrigerator	70
bízi	nose	37
bù cháng	not very often	62
bú shì	is (are) not	18
bù xǐhuan	do not like	54
bù zhīdào	don't know	13

C

cāi	to guess	83
cài	dish(es)	74
cǎoméi	strawberry	78
chā	fork(s)	75
cháng	long	49
cháng	often	62
chǎofàn	fried rice	74
chǎomiàn	fried noodles	74
chéngsè	orange	54
chī	to eat	70
chuán	boat(s)	62
cōngming	clever	83

D

dà	big	49
dài	to take someone or something	96
dǎkāi	to open	91
dàngāo	cake	91
dāo	knife(s)	75
dǎ qiú	play a ball game	87
děngyíxià	wait a second	62
diǎn	nod	43
dìdi	younger brother	25
dìxià	lower	43
dōngxi	thing(s)	39
dōu	all	43
duǎn	short	49
duō	many, much	49
duōshao	how much (many)	96

E

è	hungry	70
èr	two	8
ěrduo	ear	37
èr yuè	February	91

F

| fàn | rice | 74 |

fàng xué	finish school	100
fēijī	areoplane(s)	62
fěnhóngsè	pink	54

G

gāi	whose turn	62
gāo	tall	48
gàosu	to tell	78
gè	measure word	8
gēge	older brother	25
gěi	to give	74
gōngyuán	park	87
gǒu	dog	48
guāi	obedient	48
guì	expensive	96
guǒzhī	juice	70

H

hái	still, yet	48
Hànyǔ	Chinese	87
hào	day of the month	91
hǎo	good, well, fine	3
hǎo bàng	fantastic, wonderful	91
hǎo péngyou	good friend(s)	8
hē	to drink	70
hé	and	48
hēisè	black	54
hěn	very, very much	48
hěnduō	many	62
hóngsè	red	54
huàhuàr	to paint	87
huángsè	yellow	54
huì	know how to	74

J

jǐ	how many	8
jiā	family, home	25
jiào	(be) called	3
jiǎo	foot (feet)	43
jiǎozi	dumpling	74
jǐ diǎn	what time	83
jiějie	older sister	25
jīntiān	today	74
jīqìrén	robot	96
jiǔ	nine	8
Jiǔlóng	Kowloon	31
jiǔ yuè	September	92
jǔ	raise	43

K

kàn	look, see, watch	39
kè	lesson	87
kě	thirsty	70
kěpà	horrible	37
kuài (qián)	unit for dollar	96
kuàizi	chopsticks	74

L

lánsè	blue	54
lǎoshī	teacher	3
lí	pear	78
lǐ(bian)	inside	66
líng	zero	8
liù	six	8
liù yuè	June	92
lǐwù	present(s)	91
lǜsè	green	54

M

ma	question particle	18
mǎi	to buy	96
mǎi dōngxi	go shopping	96
māma	mother	25
māo	cat	48

māotóuyīng	owl	83
měi	every	87
Měiguó rén	American	18
mèimei	younger sister	25
méiyǒu	do not have	25
miàn	noodles	74
míngtiān	tomorrow	87
míngzi	name	3

N

nǎ guó	which country	18
nǎinai	grandma	25
nǎr	where	31
nà shì	that is (those are)	37
nǐ	you	3
nǐ de	your, yours	25
nǐmen	you	31
nǐ ne	how about you	13
niúnǎi	milk	70

P

pāi	clap	43
pàng	fat	48
pǎo	run	43
péngyou	friend(s)	3
piányi	cheap	96
píngguǒ	apple	78
pútao	grapes	78

Q

qī	seven	8
qián	money	96
qiǎokèlì	chocolate	91
qǐchuáng	get up	83
qǐng	please	43
qī yuè	July	92
qù	to go	87

R

ràng	let	62
rén	person, people	18

S

sān	three	8
sān yuè	March	91
shàng(bian)	top, above	66
shàngxué	go to school	83
shǎo	few, little	49
sháor	spoon	74
shéi	who	13
shēngrì	birthday	91
shēngrì kuài lè	Happy Birthday	91
shēngyin	sound	39
shénme	what	3
shēntǐ	body	37
shí	ten	8
shì	is/are	18
shí'èr yuè	December	92
shìjiè	world	39
shíyī yuè	November	92
shí yuè	October	92
shòu	thin, lean	48
shǒu	hand(s)	37
shǒubiǎo	watch	91
shū	book(s)	66
shǔ	to count	8
shūbāo	school bag	66
shuǐguǒ	fruit(s)	78
shuìjiào	sleep	83
shuō	speak, talk	39
shūshu	uncle	25
sì	four	8
sì yuè	April	91

suì	year (of age)	13

T

tā	he, she	3
tā	it	83
tā de	his, hers	25
táiqǐ	raise	43
tāmen	they, them	31
táoqi	naughty	48
tīng	listen	39
tóu	head	37
tóufa	hair	43
tuǐ	leg(s)	43

W

wài(bian)	outside	66
wàixīngrén	alien	37
wǎn	bowl	74
wǎnfàn	dinner	100
Wáng	last name	31
wánjù	toy(s)	62
wánr	to play	62
wǎnshang	evening	83
wén	smell	39
wò	hold (shake)	43
wǒ	I, me	3
wǒ de	my, mine	25
wǒmen	we, us	31
wǔ	five	8
wǔfàn	lunch	100
wǔ yuè	May	92

X

xià(bian)	below, under	66
xiǎng	would like to, wish, want	70
Xiānggǎng	Hong Kong	31
xiāngjiāo	banana	78
xiānsheng	Mr.	74
xiǎo	small, little	3
xiǎopéngyou	classmates	3
xiǎo qìchē	(small) car(s)	62
xiàwǔ	afternoon	100
xièxie	thanks	66
xīgua	watermelon	78
xǐhuan	like	54
xīngqī'èr	Tuesday	87
xīngqī jǐ	what day	87
xīngqīliù	Saturday	87
xīngqīsān	Wednesday	87
xīngqīsì	Thursday	87
xīngqītiān (rì)	Sunday	87
xīngqīwǔ	Friday	87
xīngqīyī	Monday	87
xuésheng	student(s)	31
xuéxiào	school	31

Y

yángwáwa	doll(s)	62
yǎnjing	eye	37
yánsè	colour	54
yào	have to, must	39
yáo	shake	43
yě	too, also	13
yéye	grandpa	25
yī	one	8
yǐhòu	after	100
Yīngguó	England	31
Yīngguó rén	British	18
yīnyuè	music	87
yíxià	once, in a short while	62
yī yuè	January	91

107

yǐzi	chair	66
yòng	to use	74
yǒu	have	8
yòu(bian)	right	66
yóuyǒng	swim	87
yuè	month	91

Z

zài	to be at/in (a place)	31
zàijiàn	good-bye	3
zǎo	Good morning	18
zǎofàn	breakfast	83
zhāng	measure word	37
zhàn qǐlai	stand up	14
zhǎo	to look for	66
zhǎo dào le	found it	66
zhēn	really	37
zhēnhuà	tell the truth	39
zhè shì	this is (these are)	37
zhī	measure word	37
zhīdào	know	13
Zhōngguó cài	Chinese food	74
Zhōngguó rén	Chinese	18
Zhōngwén	Chinese	31
zhù	live	31
zhù	to wish	91
zhuōzi	table	66
zǐsè	purple	54
zuì	the most	78
zuǐ (ba)	mouth	37
zuò	to do	91
zuǒ(bian)	left	66
zuótiān	yesterday	87
zuòxia	sit down	14